Y MÔR-LEIDR A FI

LLIO MADDOCKS • LLUNIAU GAN **ALED ROBERTS**

Gomer

Cyhoeddwyd gyntaf yn 2019 gan Wasg Gomer,
Llandysul, Ceredigion SA44 4JL
www.gomer.co.uk

ISBN 978 1 78562 307 3

Cyhoeddwyd gyda chymorth ariannol
Cyngor Llyfrau Cymru.

Argraffwyd a rhwymwyd yng Nghymru gan Wasg Gomer,
Llandysul, Ceredigion SA44 4JL

Rwy'n hoffi dydd Gwener

A wyddost ti pam?

Achos Nain sy'n fy nghasglu o'r ysgol,

Nid Mam.

Mae hi'n aros amdanaf
Yn ei char bach du
Cyn mynd ar ein siwrne
Yn ôl i'w thŷ.

Awn ar hyd ei llwybr
Drwy'r ardd fach dlws,
Gan ddringo y grisiau
A chau y drws.

Mae hi'n cilwenu'n gyfrwys
Ac yn cymryd fy llaw,
Mae gan Nain gyfrinach,
Un od ar y naw!

Wyt ti eisiau i mi ei rhannu gyda ti?
Wyt ti wir eisiau gwybod?
Wel, tro'r dudalen yn ddistaw bach ...

Rhaid addo na ddwedi di
Smic, siw na miw.
Mae Nain yn fôr-leidr –
Yn gapten ar ei chriw!

Does neb yn y byd
Wedi clywed y si
Ond mae Nain yn fôr-leidr,
Creda di fi!

Mae Nain yn plygu
Ei chefn yn grwm
Dros rywbeth mawr,
Dros rywbeth trwm.

Heibio'r holl lanast
A'r holl ffordd i'r cefn
Mae trysor yn cuddio
Yn y cwpwrdd di-drefn!

Beth arall sy'n cuddio

O gwmpas y tŷ?

Wrth ymyl ei gwely

Mae het anferth â phlu!

Fe godaf y mastiau

Gyda'r het am fy mhen

Yn barod am antur

Ac yn fentrus dros ben!

Draw yn y lolfa
A'i blufyn hardd, coch,
Mae parot siaradus
Yn sgrechian yn groch!

Mae'n hedfan i fyny,
Fry yn y nen
Gan grawcian a chlebran
Nerth esgyrn ei ben.

Mae Nain a'i chriw swnllyd

Yn canu fel côr

Wrth adrodd hanesion

Eu hynt ar y môr.

Nain yw y ddewraf

Ar foroedd a thir,

Ac yma'n y gegin mae

Cleddyf hir!

Mae Nain yn dychryn
Ei gelynion i gyd
Wrth hwylio dros foroedd
Peryglus y byd!

Yn cuddio yn daclus
Mewn sliper fach wen,
Mi welais i un tro
Ei choes hir o bren!

Wrth iddi gerdded
Ar hyd y dec,
Taranai ei choes
CLEC, CLEC, CLEC.

Yn hongian o'r nenfwd
Wedi'u tynnu yn dynn
Pob ochr i'r ffenest
Mae hwyliau gwyn!

Clyw'r hwyliau llydan
Yn chwifio'n y gwynt
Wrth i Nain y môr-leidr
Groesi'r lli ar ei hynt.

A welaist ti'r fath beth
Erioed yn dy fyw?
Ry'n ni'n mynd ar ein mordaith
A Nain wrth y llyw.

Awn ar ein hantur –
I ffwrdd â ni
Am benwythnos cyfan,
Dim ond Nain a fi.

Draw yn y pellter

Gallaf weld llain o dir

Lle mae'r tywod yn euraid

A'r awyr yn glir.

Fe welaf fananas

Yn tyfu ar y coed,

A'r pysgod rhyfeddaf

A welais erioed.

Wrth iddi nosi,

Caf wely bach twt

Ac mae Nain yn sibrwd,

"Nos da, pwt."

Cofia di rŵan,

Dim siw, miw na smic

Fod Nain yn fôr-leidr,

Un hynod o slic.